# QUELQUES NOTES HISTORIQUES

## SUR LE

# DÉPARTEMENT DE LA VENDÉE

### PAR LEBEDEL

*Inspecteur de l'enseignement primaire.*

Jusqu'à la Révolution, l'histoire du département de la Vendée se confond avec celle de la province du Poitou, dont il faisait partie.

Nous en détacherons quelques faits, accomplis sur le territoire du Bas-Poitou (Vendée).

Après la paix de Longjumeau, la fuite de Condé et de l'amiral Coligny à la Rochelle, on fit dans le Bas-Poitou des levées de gens de guerre. Soubise se mit à la tête de la noblesse huguenote.

Les protestants de Pouzauges firent un *acte d'union*, en témoignage de leur intention de persévérer dans la religion réformée et de leur résolution de se soutenir énergiquement contre les catholiques.

En 1568, le comte de Lude assiégea le château de Mareuil, où quelques levées de protestants s'étaient renfermées. La garnison sortit de cette place et se retira à Talmont ; mais elle ne s'y crut pas en sûreté et les soldats prirent la fuite. Après les avoir poursuivis, de Lude sortit du Bas-Poitou.

Les protestants profitèrent de son absence pour attaquer Luçon. Un prêtre commandait un certain nombre de soldats retirés dans l'église ; après avoir eu la main droite emportée d'un coup de feu, il tirait de la main gauche. Le peuple et les soldats firent périr un grand nombre des assiégeants. Mais ceux-ci parvinrent à entrer dans l'église et massacrèrent tous ceux qui s'y trouvaient. Ils enlevèrent un butin considérable à Luçon.

Les protestants résolurent de se rendre à Saint-Michel-en-L'Herm, où se trouvait un château très ancien, près du monastère de Saint-Michel. Après deux tentatives infructueuses, ils y retournèrent une troisième fois, rompirent les écluses et inondèrent tous les environs. Un furieux assaut fut suivi de l'entrée des protestants dans le château. Ils y tuèrent un grand nombre de personnes et firent un butin immense. Le monastère de Saint-Michel fut détruit de fond en comble.

A la suite de la bataille de Jarnac, le catholique Rouhaut du Landreau attaqua Tiffauges, ville autrefois très peuplée. Les assiégés, manquant de vivres, furent obligés de se rendre. Les catholiques y laissèrent la Cressonnière, qui mit le feu au château pour qu'il ne servît plus de retraite aux protestants.

Dans le même temps, la ville de Montaigu fut assiégée par un corps de 3,000 hommes d'infanterie. La garnison, qui n'était que de 50 hommes, se sauva dans le château. La ville fut prise et saccagée, le château se rendit. On dépouilla la plupart des protestants.

En 1570, La Noue, avec un corps considérable de troupes, sortit de la Rochelle, prit Luçon, le Langon, Mareuil, et fit le siège des Sables-d'Olonne, dont la place fut prise d'assaut et pillée. Les habitants de la Chaume, zélés calvinistes, rasèrent le château et démolirent une partie de la ville des Sables, qui n'était habitée que par des catholiques.

Puigaillard, ayan rassemblé 4,000 hommes, arrêta un moment les progrès des protestants. Il reprit Luçon et plusieurs autres petites places. A Luçon, il éleva un fort important, coupa les digues des marais et inonda tous les environs. Mais La Noue, qui était rentré à La Rochelle, alla faire le siège de cette petite ville et s'empara du fort après un horrible carnage.

Le 17 juin, La Noue assiégea Fontenay. Ayant été blessé grièvement, il laissa la conduite du siège à Soubise, à qui la ville se rendit contre l'avis du maire Rapin.

Pendant la quatrième guerre civile, Fontenay fut de nouveau assiégé. Le duc de Montpensier était absolument décidé à emporter la place. La garnison, composée de 400 hommes seulement, n'avait qu'une faible artillerie. Malgré une vive résistance dans laquelle les assiégés se défendirent partout avec avantage, Fontenay fut obligé de capituler. Le fort avait été foudroyé.

En 1579, sous prétexte qu'on n'exécutait pas les édits de pacification, les protestants reprirent les armes ; ils s'emparèrent de Montaigu, qui resta longtemps entre leurs mains.

En 1588, le roi de Navarre vint assiéger Beauvoir, place importante par sa force et par sa position en face des îles de Bouin et de Noirmoutier.

Le château fut investi le 4 octobre. Les assiégés capitulèrent et se retirèrent dans l'île de Bouin, dont les habitants avaient cependant promis au roi de Navarre de ne donner retraite à aucun de ses ennemis. Le prince se contenta de témoigner son mécontentement aux insulaires. Ils furent si touchés de la clémence du roi, si grand par l'intelligence et par la bonté, qu'ils lui gardèrent depuis, a-t-on dit, une fidélité inviolable, quoiqu'ils fussent catholiques.

L'armée royale investit ensuite la ville de Montaigu, qui appartenait au prince de Condé. La place, très forte autrefois, tant par ses fortifications que par sa situation, présentait encore de grandes difficultés pour le siège. C'était un groupe *élevé*, entouré par des fossés larges et profonds, la rivière à gauche, un grand étang à droite. La garnison, qui se composait de 300 hommes de pied, de cent arquebusiers à cheval et de 60 gens d'armes, fit plusieurs sorties. Après avoir reçu du duc de Nevers une volée de douze pièces de canon, elle fut obligée de capituler.

Après la prise de Montaigu, on alla faire le siège de la petite ville champêtre de la Garnache. Elle était protégée par le château, par des bois épais, un grand étang, des marécages, des murs bâtis à l'antique et flanqués de tourelles. On y donna plusieurs assauts où périrent beaucoup de combattants. Les assiégés se rendirent.

*Soulèvements de la Vendée.* — Après l'abolition des privilèges, après la déclaration des droits de l'homme et de l'égalité de tous les citoyens dans l'ordre politique, après la proclamation de la République, les Vendéens, restés fidèles à la royauté et à la religion catholique, se soulevèrent dans un grand nombre de communes. Les insurgés étaient des nobles, des prêtres et des paysans.

Le 12 mars 1793, l'insurrection antinationale éclata à la fois dans les communes des environs de Fontenay, à Challans, dans le marais de Bouin, aux Sables, dans les environs de Pouzauges, aux Herbiers, à Chantonnay et dans le pays situé entre Luçon et Mortagne.

En mai, La Roche-Saint-André marche à la tête des insurgés et s'empare de Challans, de Saint-Gilles, de la Roche-sur-Yon et de Noirmoutier.

Aux environs de Pouzauges, des Herbiers et de Chantonnay, les paysans se mettent par petites troupes sous les ordres de Béjarry et de Sapinaud, et s'emparent de ces deux dernières localités.

Dans une attaque du port des Sables, le 20 mars, un des chefs royalistes n'eut aucun succès sur les bleus (c'est ainsi que les Vendéens nommaient les soldats du gouvernement). Après cette affaire, le général Boulard et le colonel Baudry sortirent de la place, soumirent en quelques jours Challans, La Mothe-Achard, Saint-Gervais, etc.; mais, à mesure qu'ils quittaient une position pour avancer plus loin, les insurgés en reprenaient possession. Boulard rentra aux Sables.

Au lendemain du 29 mars, le général Charette se porta sur Challans. Après une attaque vigoureuse, les paysans reculèrent et prirent la fuite. Noirmoutier tomba aux mains des troupes républicaines.

Lescure, Cathelineau, la Rochejaquelein, d'Elbée, de la Marsonnière, vainqueurs à la Châtaigneraie, arrivèrent le 16 mai devant Fontenay et résolurent d'attaquer la ville. Chalbos défendait la place. L'attaque fut commencée avec énergie; mais d'Elbée fut blessé grièvement; de la Marsonnière fut enveloppé et pris avec 200 hommes ; bientôt la déroute fut complète. Toute l'artillerie, toutes les munitions furent prises, et 400 morts restèrent sur le champ de bataille. Le lendemain tous les paysans avaient regagné leurs chaumières.

Cette victoire eut son contre-coup. Cathelineau donna plusieurs jours de répit aux paysans, rechercha des volontaires et, le 25 mai, avec 30,000 insurgés, Bonchamp, La Rochejaquelein, de Lescure, d'Elbée et Forêt revinrent devant Fontenay, qui ne put résister au nombre. A la suite de cette bataille, Forêt s'empara par ruse de la fameuse pièce de canon, la *Marie-Jeanne*, que les patriotes avaient prise dans la journée du 16.

Le 11 octobre, Charette s'empara de Noirmoutier ; mais il fut battu à son tour par le général Haxo, qui résolut de l'anéantir dans l'île de Bouin où il se réfugia. Après avoir encloué ses canons, tué ses chevaux de trait et jeté ses munitions dans les étiers, Charette se sauva à travers la neige et la glace. Il perdit le tiers de sa troupe.

Charette leva de nouveaux volontaires, et, le 9 janvier 1794, il était devant les Herbiers, recrutant un parti de 3,000 hommes à la tête desquels il marcha sur Saint-Fulgent et s'en empara. Il poursuivit son ennemi assez loin. Le 27 janvier, il reparut à Saint-Fulgent, où il fut attaqué par une colonne venant de Montaigu. A leur tour, les royalistes furent mis en déroute, et perdirent leur général, qu'ils retrouvèrent dans la forêt de Grala, lieu ordinaire de leurs rassemblements.

Le 1er février, le général républicain Dufour était sorti de ses cantonnements pour aller incendier le village des Brouzils. Les royalistes apparurent, et un combat singulier s'engagea. Charette fut atteint d'une balle qui lui fracassa le bras ; il se retira à Maché (canton de Palluau). Il était difficile à son armée de trouver un lieu propice pour se remettre de ses fatigues. A Chauché, les Vendéens purent bivouaquer, se remettre en vêtements et en vivres, après avoir fusillé les prisonniers.

Vers le milieu de mars 1794, Marigny reparaît dans le cantonnement de Mortagne. Le 25, il fond à l'improviste sur la ville, escalade les remparts, monte à l'assaut à la tête de ses paysans et met son ennemi en déroute, brûle le château, s'empare des armes et des munitions de l'armée régulière et rentre dans les bois.

Le 6 juin, Stofflet, Charette et le corps d'armée de Sapinaud, avec 6,000 hommes de troupes et 14 pièces de canon, parurent aux portes de Challans. L'avant-garde culbuta assez facilement les postes avancés ; mais les républicains se remirent promptement de leur première terreur et repoussèrent les assaillants. La troupe de Charette fut très maltraitée ; celle de Stofflet perdit moins de monde. Les deux chefs se retirèrent, et le mot de trahison circula parmi leurs troupes.

En juillet, Stofflet marcha sur le camp de la Châtaigneraie pour en déloger le général Bonnaire. Le chef républicain avait pris toutes ses précautions pour éviter une surprise. Une de ses colonnes se trouva tout à coup en face de l'armée vendéenne ; un feu meurtrier fut engagé. Après une mêlée de cinq heures, Stofflet fut obligé de battre en retraite ; il se retira avec des pertes nombreuses (1).

Pendant les *Cent-jours*, les Vendéens se soulevèrent de nouveau dans le but de détruire le pouvoir impérial. Le 7 mai 1815, un premier engagement eut lieu dans la forêt de Rocheservière. Charette, de Goulaine et La Roche-Saint-André, à la tête d'un petit nombre de paysans, se portèrent partout où ils espéraient causer de l'inquiétude aux bonapartistes. Le 15 mai, à la suite d'une conférence tenue le 13, le tocsin sonna dans toutes les paroisses. C'était le signal de l'insurrection.

La Rochejaquelein s'avança vers la mer pour recevoir des armes débarquées dans la nuit du 17 au 18 mai. Le général Sapinaud, avec plus de 3.000 hommes, se dirigea aussi de ce côté. Des Abbayes, chef de division du corps de Sapinaud, qui escortait les munitions, fut attaqué à L'Aiguillon-sur-Vie par le général Travot, le même qui autrefois avait contribué à pacifier la Vendée.

---

(1) Ces faits ne sont qu'une faible partie des Guerres de la Vendée, dont le Poitou, le Maine, l'Anjou, la Normandie et la Bretagne ont été le théâtre.

Seize porte-drapeau furent successivement tués et l'armée vendéenne fut mise en déroute. Travot s'empara d'une partie des fusils et des munitions.

En revenant à Napoléon-Vendée, Travot rencontre à Aizenay les colonnes de La Rochejaquelein ; il les surprend pendant la nuit et y jette le désordre.

Le 27 mai, on convint que plusieurs divisions de l'armée vendéenne seraient réunies à Soullans afin de protéger la remise du restant des munitions que le régent d'Angleterre mettait à la disposition de Louis XVIII. Le surlendemain, La Rochejaquelein se porte à Saint-Jean-de-Monts, et Carcouët, officier d'État-major royaliste, se rend à bord de l'*Astrée*. La Rochejaquelein revient à Soullans et dispose tout pour recevoir les munitions et les diriger sur le Bocage. Le petit port de Croix-de-Vie est choisi comme point de débarquement. Le 1er juin, les royalistes reçoivent de la poudre, des balles, des sabres et des fusils. Mais le général Grosbon, soutenu par Travot, donne le signal de l'attaque. Avec 400 hommes il cause un véritable désastre parmi les Vendéens.

Le 4 juin, les Vendéens se précipitent sur la colonne du général Estève, qui se dirige de Riez sur le Perrier ; ils la repoussent jusqu'au village des Mattes, non loin de la mer. Pour s'ouvrir un passage, Estève charge quatre fois à la baïonnette. Des paysans prennent la fuite ; la frayeur se communique et, malgré l'arrivée des maréchains, les vendéens sont mis en déroute.

A la nouvelle que les chefs vendéens ont repoussé des projets de pacification, Travot prend l'offensive. Le général Lamarque, homme modéré et ferme, brave et habile, tout dévoué à la patrie, qui avait été envoyé dans l'Ouest avec des pouvoirs extraordinaires, pénètre de son côté au centre de l'insurrection. Le 21 juin, il attaque Rocheservière. En attendant l'arrivée de Suzannet, Saint-Hubert, à la tête de ses chasseurs à pied, s'avance jusqu'à quinze pas des colonnes bonapartistes et combat avec une ardeur intrépide. Mais son armée épuisée va faire un mouvement en arrière lorsque Suzannet accourt et ordonne d'engager l'action. Tous les paysans se groupent autour de lui. Avec un courage désespéré, il se précipite sur ses ennemis. Il tombe mortellement frappé. Lamarque essaye de franchir le pont de la Boulogne; mais les Vendéens, embusqués dans les maisons du bourg, arrêtent ses troupes. Alors il envoie deux de ses colonnes passer la rivière à deux gués, l'un au-dessus, l'autre au-dessous du pont. Bientôt elles occupent les hauteurs de Rocheservière et les Vendéens, sur le point d'être cernés, se retirent. D'Autichamp protégea la retraite.

1832. — Dans le but de rallumer la guerre civile en Vendée en faveur de son fils, Henri V, la duchesse de Berry, débarquée à Marseille, traversa l'ouest de la France, s'arrêta le 17 mai au château de la Preuille (commune de Saint-Hilaire-de-Loulay), se rendit à Nantes, puis en un lieu sûr, à la métairie des Mesliers (Loire-Inférieure).

Un soulèvement général devait avoir lieu le 24 mai; mais il fut retardé, les paysans, a-t-on dit, n'étant pas mûrs pour l'insurrection. A la suite d'un désaccord survenu dans le parti de la duchesse, il fut décidé que la prise d'armes aurait lieu dans la nuit du 3 au 4 juin. Ce contre-ordre désorganisa tout.

Pendant que la duchesse de Berry, portant le nom de *Petit-Pierre*, déguisée sous des vêtements grossiers, parcourait le département de château en château, tantôt s'égarant dans les bois pendant la nuit, tantôt traversant les marais ou passant quelques heures de mortelle attente dans des fossés couverts de broussailles, ou donnant, comme aux Herbiers, l'idée de faire construire des chapelles, deux faits d'armes importants eurent lieu dans le nord du département.

Le 6 juin, Charette se porta au village du *Chêne*, situé sur la rive droite de l'Issoire, qui coule entre les communes de Vieillevigne (Loire-Inférieure) et de Saint-Philbert-de-Bouaine (Vendée). A la tête de 600 paysans et de la Compagnie Nantaise, il se battit bravement; mais il dut céder au nombre et à la valeur des soldats. De Bonrecueil y fut blessé mortellement. Charette licencia les Royalistes.

Le même jour, quarante-cinq Vendéens étaient réunis au château de la Pénissière (commune de la Bernardière); ils y furent cernés par le commandant George, du 29ᵉ de ligne. Ils se disposèrent à faire résistance. Ils soutinrent l'attaque avec tant de constance et de vigueur qu'il fallut recourir contre eux à l'incendie. Six d'entre eux furent tués et les autres battirent en retraite en se défendant. Ils ne laissaient aux assiégeants que des ruines fumantes et des morts. Le combat de la Pénissière fut le dernier combat du département de la Vendée.

La duchesse de Berry se réfugia à Nantes, où elle fut prise et conduite à la citadelle de Blaye (Gironde), le 6 novembre 1832.

La paix n'a pas été troublée depuis cette époque. Les voies de communication, chemins vicinaux, routes et chemins de fer, sillonnent maintenant la Vendée en tous sens. Les différentes branches d'industrie et de commerce y ont pris des proportions relativement considérables. Le développement de l'instruction, dirigée depuis quelque temps vers l'agriculture, mettra dans un avenir peu éloigné le département de la Vendée en état de supporter avantageusement la concurrence des pays étrangers.

# LES PERSONNAGES REMARQUABLES

## DU DÉPARTEMENT DE LA VÉNDÉE

### PAR LEBEDEL

*Inspecteur de l'enseignement primaire.*

---

## I — ÉCRIVAINS

**RAPIN** (Nicolas), poète et magistrat français, est né à Fontenay-le-Comte, en 1539.

Son père, procureur et notaire, l'envoya bien jeune encore à Poitiers faire ses études de droit. Non seulement il s'en occupa avec assiduité, mais il se livra aussi à l'étude des lettres, qui eurent pour lui un grand charme, et se lia avec les frères Sainte-Marthe.

Ses études de droit terminées, il revint à Fontenay, avec la qualité d'avocat à la sénéchaussée du Bas-Poitou. A 23 ans, il fut nommé membre de l'échevinage. En 1570, il était à la tête de l'administration municipale de Fontenay, lorsque les protestants s'emparèrent de la ville. Il s'était attiré leur inimitié et ne dut la vie qu'à une vieille femme qui lui offrit un refuge et à un protestant de ses amis qui lui procura des moyens d'évasion. Il put gagner la ville de Niort, où il se trouva en sûreté, et où il devint l'homme indispensable, en face des événements qui s'accomplissaient. En 1574, il rentrait à Fontenay avec la charge de vice-sénéchal qu'il devait à la protection de son ami Barnabé Brisson. Il reprit ensuite ses relations avec Abel et Scévole Sainte-Marthe, leur dédia des vers et en reçut d'eux. En 1579, il assista aux *Grands jours de Poitiers*, prit part à la joute poétique dont la *Puce* de mademoiselle Catherine des Roches fut le sujet, et en sortit vainqueur. Sur la recommandation du président Achille de Harlay et de Barnabé Brisson, il fut nommé lieutenant de robe courte par Henri III, puis grand prévôt de la connétablie de France. Jamais prince plus indécis n'eut un serviteur plus résolu. Son intégrité lui attira bientôt des inimitiés. Quelques mois après la journée des Barricades, il fut chassé de Paris et le parlement le dépouilla de sa charge. Mais Henri III reconnut son innocence et la lui rendit. Après avoir fidèlement servi ce prince, il reprit l'épée et devint un des meilleurs compagnons du Béarnais; il se couvrit de gloire à Ivry. En récompense de sa belle conduite, Henri IV lui accorda des lettres de noblesse.

La mort de son fils Maxime, tué au siège de Paris, lui causa une telle douleur qu'il abandonna la carrière des armes et se retira à Tours où il servit plus efficacement encore la cause du roi. Il prit une large part à la composition de la célèbre *Satire Ménippée*, qui porta le coup le plus fatal aux ligueurs. On est d'accord pour lui attribuer les harangues du docteur Rozo, de l'archevêque de Lyon et l'épître du sieur Engoulevent, « les trois plus beaux passages de ce chef-d'œuvre de la langue française au seizième siècle. »

Le traité de Vervins et l'Edit de Nantes ayant mis fin aux horreurs de la guerre, Rapin se retira sur sa propriété de Terre-Neuve, aux portes de Fontenay. Sully vint l'y voir. Plusieurs de ses poésies datent de cette époque.

Le 1er janvier 1608, Rapin se mit en route pour aller revoir les amis qu'il avait laissés à Paris; mais il tomba malade à Poitiers et y mourut à l'âge de 68 ans. Il fut enterré à Fontenay. Scévole de Sainte-Marthe et Gillot, chargés par Rapin de rassembler et de publier ses poésies, en ont fait paraître un recueil sous le titre d'*Œuvres latines et françaises de N. Rapin*.

**CRÉTINEAU-JOLY** (Jacques), écrivain français, né à Fontenay-le-Comte, le 23 septembre 1803, fut pendant un certain temps élève du séminaire de Saint-Sulpice. Ayant renoncé à suivre la carrière ecclésiastique, il essaya de l'enseignement, fut chargé d'une classe de philosophie et voyagea ensuite en Italie et en Allemagne. De retour en France, il débuta dans la littérature par quelques essais poétiques qui n'attirèrent point sur lui l'attention : *Chants Romains*; *les Trappistes*; *Inspirations poétiques*. Après la révolution de 1830, il fonda un journal légitimiste, le *Vendéen*. De 1834 à 1838, il rédigea l'*Hermine*, de Nantes, puis la *Gazette du Dauphiné*; enfin il devint directeur de l'*Europe monarchique*. Il collabora à diverses revues catholiques.

Crétineau-Joly s'est fait connaître par un certain nombre d'ouvrages historiques, relatifs aux luttes soutenues par les Vendéens contre la Révolution et inspirés par l'esprit de parti le plus passionné : *Épisodes des guerres de Vendée*; — *Histoire des généraux et des chefs Vendéens*; — *Histoire de la Vendée militaire*.

Partisan de l'autorité absolue en religion comme en politique, Crétineau-Joly a fait paraître une *Histoire religieuse, politique et littéraire de la Société des Jésuites*; — *Scènes d'Italie et de Vendée*; — *l'Église romaine en face de la Révolution*, etc.

Il est mort à Paris le 2 janvier 1875.

## II. — SAVANTS ET ÉRUDITS

**VIÈTE** (François), profond mathématicien, naquit à Fontenay-le-Comte en 1540. Il appartenait à une famille bourgeoise qui prit un soin extrême de son éducation. Après avoir terminé de la manière la plus brillante ses études classiques, il alla faire son droit à Poitiers et en revint avocat à vingt ans. Il ne songeait alors qu'à prendre rang au barreau de Fontenay. Dès l'âge de vingt un ans, il fut choisi pour la liquidation des fermages du Poitou affectés au douaire de la veuve de François I<sup>er</sup>.

Pendant sept ans il resta attaché au barreau de sa ville natale; il occupa ses loisirs à la lecture d'Euclide, d'Archimède, de Ptolémée, et c'est en étudiant ces auteurs que naquit sa vocation pour les mathématiques. Pour s'y instruire, il se rendit à Paris, où il arriva en 1567. « Il était doué d'une pénétration et d'une sagacité fort rares. » On dit que son esprit se passionna à un tel point pour les mathématiques qu'il passait quelquefois trois jours de suite dans son cabinet, ne prenant de nourriture et de sommeil que ce qui lui était absolument nécessaire pour se soutenir.

Pour ne pas abandonner une carrière dans laquelle il avait débuté avec beaucoup d'éclat, et faire marcher de front l'étude de la jurisprudence et celle des mathématiques, il alla occuper une place de conseiller au parlement de Bretagne. En 1574, il dut quitter Rennes pour se retirer à Beauvoir-sur-Mer. Il y composa ses deux plus savants ouvrages. En 1580, il fut nommé maître des requêtes de Henri III, et eut pour ami de Thou. — Le Béarnais le nomma membre du parlement réuni à Tours, et, lorsque Henri IV monta sur le trône, Viète fut nommé membre du conseil privé.

Pendant son séjour à Tours, il avait publié plusieurs de ses traités de mathématiques. C'est aussi dans cette ville qu'il pénétra le mystère des correspondances du gouvernement espagnol, qui se servait de signes particuliers avec les gouverneurs de ses immenses possessions. La découverte de Viète offrit de grands avantages à Henri IV, et fut un désappointement pour les Espagnols qui, pendant deux ans, virent toutes leurs entreprises déjouées.

Viète fit faire de grands progrès à l'analyse mathématique, eut la première idée de l'application de l'algèbre à la géométrie, et résolut les problèmes les plus difficiles avec une facilité qui le faisait passer pour sorcier.

Viète était simple, modeste, sobre et désintéressé. Il était, au dire de Delambre, le plus grand géomètre de son temps.

Il est mort en 1603, usé par le travail et les veilles. Une des rues de sa ville natale porte son nom.

**GIRAUDEAU** (Bonaventure), jésuite, philosophe et écrivain français, est né à Saint-Vincent-sur-Jard, le 2 mai 1697.

Ses parents l'envoyèrent faire ses études au collège des Jésuites de la Rochelle. Il s'y fit remarquer par une aptitude particulière pour les langues grecque et hébraïque. Plus tard, il y fut professeur de rhétorique et composa des livres d'éducation dont quelques-uns ont eu beaucoup de succès. On cite particulièrement son *Intro-*

duction à la langue grecque; ses *Histoires et paraboles*, et *l'Evangile médité*, qui offre non seulement l'histoire évangélique, mais encore de judicieuses explications du texte. Le style en est pur, coulant, naturel; la manière grande, noble; les idées vastes et les réflexions profondes. Ce qui distingue surtout le Père Giraudeau, ce qui ne se dément jamais chez lui, c'est l'amour de la paix et un éloignement invincible pour la lutte, que le sujet qu'il traite en soit sacré ou profane.

Il est mort à l'âge de 77 ans.

**BRISSON** (Mathurin-Jacques), naturaliste et physicien, naquit à Fontenay-le-Comte, le 30 avril 1723. Il appartenait par son père à la famille de Barnabé Brisson.

A l'âge de 9 ans, il entra au collège de Fontenay et y fit une partie de ses études qu'il termina au collège de Poitiers.

Ce fut dans les entretiens et les promenades qu'il fit avec Réaumur que se développa en lui une véritable passion pour l'histoire naturelle. Il a publié un ouvrage d'ornithologie dans lequel il a décrit 1500 espèces d'oiseaux; c'était l'ouvrage le plus complet, par rapport au nombre des espèces, avant que parût l'*Histoire des oiseaux* de Buffon.

A 36 ans, il fut élu membre de l'Académie des sciences.

Disciple de Nollet, il comprit qu'il trouverait dans l'étude de la physique plus de ressources que dans l'histoire naturelle. Alors il étudia avec ardeur la science qui lui fut enseignée et il ne tarda pas à faire honneur à son maître, qu'il remplaça au Collège de Navarre (1768). Il fut chargé par le gouvernement d'établir des paratonnerres sur plusieurs édifices publics et d'examiner ceux que des physiciens moins experts avaient construits.

En 1770, il fut nommé par Louis XV maître de physique et d'histoire naturelle des Enfants de France.

Le 1er octobre 1794, il fut nommé professeur de physique aux écoles centrales de Paris, et, un an après, membre de l'Institut. Il a laissé plusieurs ouvrages de physique contenant le résultat d'un grand nombre d'expériences faites avec beaucoup de précision.

Au mois de mars 1806, à la suite d'une attaque d'apoplexie, son intelligence s'éteignit, la mémoire des mots lui fit complètement défaut; les seuls qu'il prononçât encore quelquefois étaient empruntés au patois vendéen qu'il avait parlé dans son enfance. Il est mort à l'âge de 82 ans.

**LÉZARDIÈRE** (mademoiselle Marie-Charlotte-Pauline de), — femme auteur, est née au château de la Vérie (Vendée), en 1754. Son père, le baron de Lézardière, homme studieux, intelligent, s'occupa particulièrement de la surveillance de l'éducation de ses huit enfants, auxquels il donna un précepteur distingué pour leur apprendre les belles-lettres et la langue latine. La jeune Charlotte voulut partager les études de ses frères. Ses progrès dans la langue latine furent si rapides, dit-on, qu'à l'âge où des jeunes filles ne s'occupent que des caprices de la mode, elle avait lu non seulement les classiques latins, mais aussi les auteurs du moyen âge. Elle s'enfermait souvent dans la riche bibliothèque de son père, et compulsait de préférence les ouvrages qui pouvaient l'instruire. Puis elle prit le goût de l'étude de l'histoire, parfaitement résolue à ne rien accepter qu'elle ne l'eût vérifié elle-même. C'est ainsi qu'elle remonta aux véritables sources, avec un rare esprit d'investigation. Ses premiers travaux furent appréciés très favorablement par Malesherbes et par trois autres hommes, bons juges en pareille matière. Grâce à Malesherbes et à dom Mazette, des livres lui furent envoyés de la bibliothèque du roi et du couvent des Bénédictins de Poitiers. Elle fit paraître la *Théorie des Lois politiques de la monarchie française*, dont Malesherbes lui-même avait voulu corriger les épreuves.

Cet ouvrage, « l'un des plus savants et des plus méthodiques que l'on ait composés sur le sujet annoncé par le titre, est le fruit de vingt années de recherches immenses et d'un travail assidu. Le style en est simple, clair et tel qu'il convient à un sujet qui n'en exige pas d'autre. »

L'ouvrage n'était pas encore en vente lorsque l'édition fut presque entièrement détruite, le magasin du libraire chez qui elle avait été déposée ayant été livré au pillage en 1792.

Pendant la Révolution, mademoiselle de Lézardière suivit son père, qui se réfugia successivement à Choisy-le-Roy, à Bayeux et à Nantes; puis elle revint en Vendée, au château de la Proutière, où elle mourut à l'âge de 76 ans.

Son frère, Charles de Lézardière, encouragé par Guizot et Villemain, se décida en 1844 à rééditer les *Lois politiques de la monarchie française*, dont la préface, écrite de sa main, est empreinte d'un esprit libéral. Resserré en un volume in-8°, l'ouvrage comprend trois parties qui s'étendent depuis les temps antérieurs à Clovis jusqu'à Philippe le Bel.

Savigny et Augustin Thierry ont donné de vifs éloges à l'œuvre de mademoiselle de Lézardière.


## III. — HOMMES DE GUERRE


**VAUGIRAUD** de Rosnay (Pierre-René-Marie, comte de), — né aux Sables d'Olonne, en 1740, entra dans la marine comme garde en 1755.

Embarqué l'année suivante sur le vaisseau l'*Eveillé*, il eut sa part dans la prise du vaisseau anglais le *Greenwich*, que l'*Eveillé* captura en 1762. A 22 ans, il fut nommé enseigne.

Il était déjà lieutenant de vaisseau lorsque la guerre d'Amérique lui fournit l'occasion de se couvrir de gloire. Il se distingua au combat d'*Ouessant*, en 1799, et remplaça sur le vaisseau amiral, *la Couronne*, le commandant blessé. Rentré à Brest, il montra la plus rare intrépidité lors de l'incendie du *Roland*.

Nommé major général avec le rang de capitaine de vaisseau, il fut choisi pour commander l'*Intrépide*, qui faisait partie de la flotte du comte de Grasse, chargée de relever aux Antilles celle du comte de Guichen et de ravitailler les îles françaises ; l'escorte se composait de 200 voiles. Une circonstance terrible attira sur Vaugiraud les regards de toute l'armée; au milieu de la flotte, qui se trouvait à l'ancre devant Saint-Dominique, le feu prit à bord de l'*Intrépide*; aucune manœuvre ne semblait possible. L'effroi devint immense dans l'armée et dans la ville entière. Avec l'autorisation du comte de

Grasse, Vaugiraud vole au bâtiment qui vomissait des torrents de flammes et prescrit lui-même les manœuvres. Le feu s'approchait de la soute aux poudres. Enfin l'*Intrépide* s'ébranle, s'éloigne et échoue à la côte; Vaugiraud en sort le dernier. Cinq minutes après, l'*Intrépide* sauta avec une explosion qui ébranla toute la ville, mais d'assez loin pour faire juger seulement du péril affreux auquel elle venait d'échapper. Dans cette même campagne, Vaugiraud déploya un grand courage à la fatale bataille du 12 avril 1782, où le comte de Grasse, chef d'escadre, se laissa battre par lord Rodney.

Après la conclusion de la paix, Vaugiraud commanda en second une escadre d'évolution chargée de protéger la pêche de Terre-Neuve et, à cet effet, d'établir une croisière sur ses côtes. Dans les difficultés que nous suscitaient les Anglais, il fit preuve d'habile diplomate, et réussit à conserver l'honneur du pavillon français.

Après la prise de la Bastille, il refusa d'abord d'arborer la cocarde tricolore. — En 1791, il émigra, servit contre la France, assista à la défaite de *Quiberon* et revint à Londres. Le comte d'Artois s'étant rendu à l'île d'Yeu pour opérer une descente sur les côtes de Vendée, Vaugiraud y remplit les fonctions de capitaine de port et retourna avec le prince en Angleterre.

En 1814, il entra en France et, le 13 juin, le roi le nomma vice-amiral, grand'croix de l'ordre de Saint-Louis et gouverneur de la Martinique. Il y arriva au moment où la population, apprenant le retour de l'Empereur à Paris, arborait le drapeau tricolore. Sans perdre un moment, il déclara sa ferme résolution de conserver le drapeau blanc jusqu'à la mort. « Il se couvrit d'infamie en livrant la Martinique et la Guadeloupe aux Anglais. A la nouvelle de la seconde Restauration, il s'abandonna sur les patriotes à toute la violence de son zèle royaliste, au point que le gouvernement lui retira les pleins pouvoirs qu'il lui avait donnés et le rappela pour calmer l'effervescence que sa conduite excitait dans ces malheureuses colonies. »

A son retour, on lui défendit de paraître devant le roi et, le 13 mai 1819, Vaugiraud mourut du chagrin que lui causa cette disgrâce.

**BONAMY** (Charles-Augustin-Jean-Baptiste-Louis-Joseph), général français, né en 1746 à Fontenay-le-Comte, s'enrôla en 1791 dans le 1<sup>er</sup> bataillon de volontaires nationaux du département de la Vendée et vint avec cette troupe, en 1792, sur les frontières du nord dans l'armée que commandait Lafayette. Il était caporal lorsqu'il fut nommé par le roi, la même année, sous-lieutenant dans le 17<sup>e</sup> régiment de cavalerie. Il fit en cette qualité la première campagne contre les Prussiens et, plus tard, celle de la Belgique. Après la défection de Dumouriez, il entra comme adjoint à l'état-major de Dampierre et passa aussitôt après à l'armée de la Vendée, d'où il revint à la frontière du Nord en 1794 avec le général Marceau. Dans l'armée de Sambre-et-Meuse, sous Kléber, il obtint le grade d'adjudant-général chef de bataillon et fut chargé de commander un corps de trois mille hommes qu'il dirigea avec beaucoup de succès. Kléber le fit alors son chef d'état-major, et Bonamy se distingua sous ses ordres, surtout au siège de *Mayence* (octobre 1795.) Il passa l'année suivante dans l'armée de Marceau, et, à la fin de 1798, dans celle de Championnet, lorsque ce général alla commander l'armée de Rome. Bonamy devint son chef d'état-major et fut nommé général de brigade, en récompense de la valeur qu'il avait déployée dans la résistance de cette armée. Il se distingua également dans la rapide invasion du royaume de Naples, puis alla prendre un commandement sur le Rhin, où il fut employé sous le général Saint-Cyr et sous Moreau, qui le chargea en 1800 de conduire en Italie un corps de troupes au consul Bonaparte. Il eut ainsi quelque part au triomphe de *Marengo*; mais le nouveau chef du gouvernement ne fut pas content de lui en cette occasion : Bonamy cessa d'être employé et, de retour dans son département, il devint président du conseil d'arrondissement. En cette qualité, et à la tête d'une députation, il parut en 1809 devant l'empereur, qui lui rendit son grade de général de brigade.

En 1812, il fit partie de la belle et nombreuse armée qui envahit la Russie. Sa brigade, qui était devant *Smolensk*, y fut presque entièrement détruite. Mais ce fut surtout à la bataille de la *Moskowa* que Bonamy s'illustra par l'un des plus brillants faits d'armes de cette guerre. Ayant reçu l'ordre d'attaquer, au centre de l'armée russe, la terrible redoute où quarante pièces de canon vomissaient la mort, il se met à la tête du 30° régiment, essuie de nombreuses décharges de mitraille, perd la moitié de ses troupes et devient, avec le reste, maître du redoutable boulevard. Mais il ne pouvait, avec si peu de monde, conserver un poste aussi important. Attaqué bientôt par d'innombrables masses d'infanterie, il vit tomber à côté de lui ses derniers soldats, fut lui-même percé de vingt coups de baïonnettes et laissé pour mort sur le champ de bataille. Il tomba au pouvoir des Russes qui le gardèrent vingt-deux mois prisonnier. Il ne revint en France que dans le mois d'août 1814, après la chute du gouvernement impérial. Le roi le créa chevalier de Saint-Louis et lieutenant-général, mais il ne l'employa pas.

Après le retour de Bonaparte, en 1815, ce général fut un des députés au Champ de Mai, et lorsque l'armée française se retira derrière la Loire, il fut chargé par le ministre de la guerre, Davoust, d'y conduire tous les dépôts et magasins qu'il réussit ainsi à conserver pour la France. — Resté sans fonctions après le licenciement, il rentra dans la vie privée et mourut en septembre 1830, au sein d'une famille qui le chérissait. Il avait publié en 1803 : *Mémoire sur la Révolution de Naples.*

**BELLIARD** (Augustin-Daniel, comte de Plock), général de division, pair de France, ambassadeur à Vienne et à Bruxelles, grand cordon de la Légion d'honneur, est né à Fontenay-le-Comte, le 15 mai 1769.

Une des causes qui lui fit embrasser la carrière militaire fut le premier soulèvement de la Vendée.

A vingt-deux ans, il fut élu capitaine d'un bataillon formé par la ville de Fontenay. — Il occupait déjà un grade supérieur dans l'armée de Dumouriez lors de la défection de ce général à la bataille de Jemmapes. Devenu suspect par suite de cet événement, il fut destitué. Mais, voulant continuer à servir son pays de son épée, il s'engagea comme chasseur et remonta rapidement au grade de chef d'état-major. Il revint alors en Vendée où il servit sous les ordres du général Hoche, puis suivit Bonaparte en Italie. Il se distingua à *Casti-*

glione, à *Vérone*, à *Caldiéro* et à *Arcole*, où il fut nommé général de brigade sur le champ de bataille. Il s'empara de *Civita-Vecchia* (1798), après avoir battu le général Landon ; puis il se rendit à Rome, où il réprima une insurrection que des paysans fanatiques avaient fait éclater dans le pays, et de là il passa à Naples, chargé d'une mission diplomatique dont il s'acquitta avec un plein succès.

Désigné par Bonaparte, qui s'était attaché à choisir des officiers éprouvés, Belliard fit partie de l'expédition d'Egypte et s'y conduisit de la façon la plus glorieuse. Il se signala particulièrement à la bataille des *Pyramides*, à celle d'*Héliopolis*, et il fut nommé général de division à la prise du *Caire*. Le nouveau commandant en chef de l'armée d'Egypte, le général Menou, laissa le gouvernement du Caire à Belliard qui, avec cinq mille hommes au plus, sans munitions, sans subsistances, fut investi dans cette place par les Turcs, les Anglais et les Mamelucks. Dans cette situation critique, après avoir pris l'avis de tous les officiers généraux réunis au Caire, il s'efforça d'obtenir une capitulation honorable et il y réussit. Menou blâma énergiquement cette capitulation. De retour à Paris, Belliard reçut du premier consul l'accueil le plus flatteur et fut envoyé à Bruxelles pour prendre le commandement de la 24ᵉ division militaire (1801).

Comme chef d'état-major, il fit les guerres d'Allemagne, d'Espagne et de Russie, pendant lesquelles il se conduisit brillamment. — Il fut nommé grand officier de la Légion d'honneur sur le champ de bataille d'*Austerlitz*.

Gouverneur de Madrid pendant trois ans, il gagna la sympathie des Espagnols par sa modération et son esprit de justice.

En Russie, il se signala par son sang-froid et son intrépidité ; à *Leipsick*, il eut deux chevaux tués sous lui et le bras gauche brisé par un éclat de mitraille. Il s'en consola facilement, «car il lui restait le bras droit pour embrasser ceux qu'il aimait. »

Pendant la campagne de France, il fit des prodiges de valeur à la *Haute-Epine*, à *Château-Thierry*, à *Laon*, à *Reims*, etc.

Nommé pair de France par Louis XVIII, et plus tard major général de l'armée qu'il était appelé à commander, il se rallia cependant à Napoléon pendant les Cent-jours. Après la bataille de *Waterloo*, il fut conduit à l'Abbaye. Le 4 mars 1819, le ministère libéral de Decazes rappela le général Belliard à la Chambre des pairs. Il adhéra néanmoins sans arrière-pensée au gouvernement de Louis-Philippe, accepta au mois de mars 1831 le poste d'ambassadeur en Belgique et signa le traité de paix qui constituait ce pays en État indépendant. Il mourut à Bruxelles, le 28 janvier 1832.

La ville de Fontenay lui a élevé une statue sur une de ses places.

## IV. — MAGISTRATS ET PERSONNAGES POLITIQUES

**TIRAQUEAU** (André) est né vers 1480, à Fontenay-le-Comte, où son père, originaire du Pont-Charrault, était venu se fixer en qualité de notaire. Il fit ses études de droit à Poitiers ; il y brilla tellement qu'à peine reçu docteur il devint grand sénéchal du Poitou, juge et lieutenant au siège de sa ville natale, et, en 1541, fut nommé par François Iᵉʳ conseiller au parlement de Paris.

La maison des Cordeliers de Fontenay comptait Rabelais au nombre de ses religieux. Menacé de rester jusqu'à la fin de ses jours dans un des souterrains du monastère, le fameux curé de Meudon fut rendu à la liberté par Tiraqueau qui, en sa qualité de juge prévôtal, avait le droit de pénétrer dans l'intérieur de l'établissement. Rabelais lui garda de ce grand service une éternelle mémoire et, dans son *Pantagruel*, il le nomme « le bon, le docte, le saige, le tout humain, tout débonnaire et équitable André Tiraqueau. »

Ce magistrat travailla à réformer la méthode vicieuse qui régnait au Palais et administra la justice avec intégrité. Deux rois, François Iᵉʳ et Henri II, le comblèrent d'honneurs ; le cardinal de Lorraine le considérait comme une des gloires de la France.

Regardant les lettres non seulement comme le plus

bel ornement de l'esprit, mais aussi comme très propres à former le cœur, comme indispensables au jurisconsulte, il était lié avec tous les gens lettrés qui faisaient l'ornement de la cour.

Homme d'une érudition prodigieuse, il composa un grand nombre d'ouvrages dont la plupart sont écrits en latin.

Il est mort à Paris en 1558.

**BRISSON** (Barnabé), magistrat et jurisconsulte, naquit à Fontenay-le-Comte en 1531. Il appartenait à une famille de robe qui jouissait dans le Bas-Poitou d'une considération générale. Son père, François Brisson, était lieutenant royal au siège de Fontenay, et son bisaïeul, Jean Brisson, avait exercé avec distinction dans la même ville la profession d'avocat.

Brisson fut nommé par Henri III avocat général au parlement de Paris en 1575 et président à mortier en 1583, conseiller d'Etat, puis ambassadeur en Angleterre. De retour à Paris, il fut chargé par le roi de composer le recueil qui porte le nom de code Henri III. C'était un travail immense qui, pour tout autre, aurait demandé des années de recherches. Brisson le fit en trois mois et reçut à cette occasion une lettre des plus flatteuses du jurisconsulte Pasquier.

Il tint une conduite fort équivoque dans la guerre civile. Lorsque Henri III eut quitté Paris (1589), les Seize demandèrent à Brisson, qui avait promis son appui à la Ligue, la charge de premier président, vacante par l'emprisonnement à la Bastille d'Achille de Harlay. Mais, peu après, mécontents du nouveau président, qui conservait encore de l'attachement pour l'autorité royale, en même temps qu'il affectait un grand zèle pour la Ligue et qu'il s'était fait la créature du duc de Mayenne, les Seize le pendirent à une poutre de la Chambre du Conseil (1591). Après avoir parlé de sa mort, Mézeray se contente de dire que « cette catastrophe était indigne d'un homme si docte et si excellent, mais qu'elle est ordinaire à ceux qui pensent nager entre deux partis. »

On a de lui plusieurs ouvrages sur la jurisprudence, sur le droit romain, sur les antiquités de la Perse, etc.

Son frère, Brisson Pierre, fut sénéchal et historien.

Il a publié plusieurs ouvrages, entre autres : *Histoire et vrai discours des guerres civiles du Poitou, Aunis, Saintonge et Angoumois, depuis 1574 jusqu'en 1576.*

**ALQUIER** (Charles-Jean-Marie), naquit à Talmont, le 13 octobre 1752, fit ses études chez les Oratoriens et resta quelque temps dans leur ordre, avec l'intention d'embrasser l'état ecclésiastique.

Avant la Révolution, il fut avocat à La Rochelle, puis procureur du roi au tribunal des Trésoriers de France, et plus tard député des Etats Généraux, où il se fit remarquer par l'habitude des affaires. « Esprit calme et froid, il se signala plus par ses travaux dans les comités que par ses talents oratoires. »

Après la session, il fut élu président du tribunal criminel de Seine-et-Oise ; il en remplissait les fonctions lorsque les prisonniers d'Orléans furent transférés à Versailles. On dit qu'il fit peu d'efforts pour sauver ces malheureux, se retranchant derrière les ordres impératifs du ministre de la justice, Danton.

En 1792, Alquier fut nommé député à la Convention par les électeurs du département de Seine-et-Oise, qui le considéraient comme « un des plus vigoureux athlètes que le patriotisme eût à opposer à l'aristocratie. » Il vota la mort de Louis XVI, en cas d'invasion étrangère ou de celle de l'armée des princes. — Convaincu que la lutte entre les Girondins et les Montagnards serait terrible, Alquier se fit donner, à l'armée de Brest, une mission qui avait pour but principal la réquisition des chevaux. — Muet pendant tout le règne de la Terreur, il siégea, en 1797, au Conseil des Cinq Cents, dont il fut nommé secrétaire.

« Diplomate des plus habiles, » il occupa successivement les ambassades de Munich (1799), de Madrid, de Florence, de Naples, de Rome, de Stockholm et de Copenhague. A Florence, Alquier avait pleins pouvoirs pour négocier la paix avec le roi des Deux-Siciles. Les conditions qu'il offrit furent acceptées le 23 mai 1801. A Naples, il obtint la disgrâce d'Acton, qui fut envoyé en Sicile. En Suède, il détermina la cour à entrer dans le système du blocus continental. En Danemark, il contribua à l'annexion de la Norvège à la Suède.

En 1814, Alquier fut rappelé de son ambassade par Louis XVIII. De retour en France, il vivait dans une retraite profonde lorsqu'il fut proscrit comme régicide en 1816. Il habita la Belgique jusqu'en 1818, époque de son rappel, qu'il dut aux démarches d'un de ses anciens collégues de la Convention nationale, Boissy d'Anglas, devenu pair de France.

Alquier mourut à Paris, le 4 février 1826.

**LA RÉVELLIÈRE-LÉPEAUX** (Louis-Marie), député aux Etats Généraux, membre de la Convention nationale, Directeur de la République française, naquit à Montaigu le 24 août 1753.

Son père, juge des traites foraines, fut maire de cette petite ville pendant trente ans. Il s'imposa de grands sacrifices pour donner à ses enfants l'éducation libérale qu'il avait lui-même reçue.

Louis-Marie reçut sa première instruction d'un prêtre violent et brutal qui, sous un extérieur doucereux, lui fit subir de mauvais traitements. Après être passé sous un maître plus convenable, il alla terminer ses études chez les Oratoriens d'Angers. Il se fit recevoir licencié en droit à l'université de cette ville, puis se rendit à Paris, décidé à suivre la carrière du barreau. A 22 ans, il prêta serment d'avocat au Parlement, et, tout en travaillant chez un procureur, il se livra à l'étude des langues, des arts et de la philosophie. Après y avoir passé un an, il revint à Angers, où il épousa mademoiselle Boyleau, jeune fille d'une vive intelligence, qui avait pris de bonne heure un goût très vif pour l'étude des plantes. Peu de temps après, il fut chargé de professer la botanique à Angers, et attira sur lui l'attention publique par son élocution facile, animée, et par la variété de ses connaissances.

En 1789, Revellière-Lépeaux fut, à l'unanimité moins une voix, élu par le Tiers d'Angers député aux États Généraux. Il alla siéger à Versailles parmi les membres de la gauche, se signala par l'indépendance de ses opinions, par son opposition au parti de la cour, et prit une part active aux travaux des comités. A l'expiration de son mandat, il devint successivement administrateur du département de Maine-et-Loire (dans lequel il fit des tournées patriotiques pour tâcher de réunir la population rurale contre les ennemis extérieurs de la France), juré près la Haute Cour nationale et adjudant général des gardes nationales de l'Ouest.

Réélu à la Convention, en 1792, il fit adopter la rédaction du décret portant que la nation française promettait secours et fraternité à tous les peuples qui, opprimés, voudraient redevenir libres. Dans le procès de Louis XVI, il vota pour la mort, contre le sursis et l'appel au peuple. Il combattit énergiquement la proposition faite par la Montagne de statuer séance tenante sur la question de sursis, sous prétexte que l'humanité exigeait qu'on ne fit pas languir un condamné.

Le 11 mars 1793, il déploya contre Danton une force inattendue qui recula de quelques jours la chute des Girondins, et après le vote du décret du 2 juin, il donna sa démission. Le soir même, un mandat d'arrêt, aussitôt converti en mise hors la loi, fut lancé contre lui. Revellière-Lépeaux se retira successivement chez plusieurs de ses amis, et, après la chute de Robespierre, revint à Paris dans le plus complet dénuement. Le 8 mars 1795, il fut rappelé à la Convention, où il n'avait pas été remplacé. Il y resta ce qu'il avait toujours été, l'ennemi des excès, et combattit avec une égale vigueur les royalistes et les montagnards. Il devint membre de la Commission chargée d'élaborer la Constitution de l'an III et fut un des derniers présidents de la Convention nationale.

Nommé membre et président du Conseil des Anciens, il fut élu presque à l'unanimité membre du Directoire exécutif. Il n'y joua qu'un rôle secondaire. Cependant, à la suite des élections de l'an V, qui introduisirent dans les conseils une majorité royaliste, il fit pressentir clairement les événements du 18 fructidor, auxquels il n'hésita pas à prendre part. Il garda le pouvoir jusqu'au 30 prairial, an VII, époque où il donna sa démission.

Lors de la création de l'Institut national, Revellière-Lépeaux avait été nommé membre de la classe des sciences morales et politiques.

Il avait imaginé une espèce de religion nouvelle dont le déisme faisait le fond et qu'il appelait la Théophilanthrophie ; ce projet fut mis un instant à exécution, mais il eut peu de succès.

Rentré dans la vie privée, il continua d'assister assidûment aux séances de l'Institut ; mais, ayant refusé de prêter serment de fidélité à l'Empereur, il fut éliminé de ce corps savant.

« D'une santé extrêmement faible, rempli d'esprit, parfait honnête homme, souvent dans un état de gêne, loin de l'orgueil et de toute ambition, il n'a jamais songé à augmenter sa fortune. »

Napoléon lui fit offrir une pension ; mais il ne voulut point l'accepter, et continua à vivre dans la retraite.

En 1819, Revellière-Lépeaux entreprit de dicter à son fils les mémoires de sa vie publique et privée. Celui-ci les a publiés en 1873 (3 vol. in 8°., Hetzel). On dit que c'est la meilleure histoire, l'histoire vraie du Directoire exécutif.

Atteint en 1823 d'une affection chronique de la poitrine, il s'éteignit à l'âge de 70 ans, sans agonie et presque sans douleurs. La petite ville de Montaigu lui a élevé un buste, dont l'inauguration a eu lieu en 1886, sous la présidence de M. Goblet, alors ministre de l'Instruction publique, des Cultes et des Beaux-Arts.

## V — PERSONNAGES DIVERS

**BRISSOT** (Pierre), professeur de philosophie et de médecine à l'Université de Paris, est né à Fontenay-le-Comte en 1478. Son père, qui était avocat, prit un grand soin de son enfance et l'envoya terminer ses études à Paris. A 26 ans, il fut nommé professeur de philosophie et, en cette qualité, obtint un grand succès.

Plus tard, il étudia la médecine et, après un travail long et opiniâtre, malgré la sévérité des examens, il reçut en 1514 le bonnet de docteur, professa la physiologie, la matière médicale, la pharmacopée et la thérapeutique. Il attaqua résolument la doctrine arabe et s'efforça de lui substituer celle d'Hippocrate.

Dans l'intention d'enrichir la pharmacopée, il se rendit au Portugal pour s'embarquer à destination de l'Amérique quand un événement inattendu le fit rester à Evora, où il se trouva en présence d'une épidémie qui le ramena à l'exercice de la médecine. Mais il eut bientôt des démêlés avec Denys, médecin du roi de Portugal, au sujet du traitement de la pleurésie. Il s'agissait de savoir si, dans cette maladie, il fallait saigner du même côté que le mal ou du côté opposé. Tous les médecins suivaient la dernière méthode. Brissot la combattit et se prononça pour la première. Une discussion des plus vives s'engagea et dura plusieurs années ; elle n'était pas terminée quand Brissot fut pris de la dysenterie, à laquelle il succomba en quelques jours. Il n'était âgé que de 44 ans.

Il eut beaucoup d'admirateurs et ne compta pas un moins grand nombre d'amis.

**FONTAINE** (Jacques), dit de la Roche, prêtre appelant, et auteur de la gazette intitulée *Nouvelles ecclésiastiques ou Mémoires pour servir à l'histoire de la Constitution Unigenitus*, naquit à Fontenay-le-Comte, en 1688. En 1713, il fut fait curé de Mantelan, au diocèse de Tours.

Son zèle contre la bulle Unigenitus, et une lettre imprimée à M. de Rastignac, l'obligèrent à quitter sa cure. Il vint à Paris, où il fut accueilli par les frères Desessarts, dont la maison était ouverte à tous les prêtres inquiétés pour la même cause.

Depuis 1729, Fontaine fut presque l'unique rédacteur des *Nouvelles ecclésiastiques*, sous l'inspection cependant d'une espèce de bureau formé des meilleures têtes du parti. Il se condamna pour cet effet à une profonde retraite, dont très peu de gens avaient le secret. Son imprimerie secrète était établie dans Paris même (quartier Saint-Jacques). Le lieutenant de police du temps mit, dit-on, tout en œuvre pour connaître l'auteur des *Nouvelles* et pour en faire cesser le débit. Mais Fontaine, protégé par le fanatisme de ses partisans, continua la publication de sa gazette, qui paraissait toutes les semaines.

En 1732, l'archevêque de Paris donna un mandement pour condamner les *Nouvelles*, journal dans lequel les jésuites étaient attaqués avec une vivacité et une persistance sans égales. Quelques curés de la capitale refusèrent de le publier, et dans les paroisses où on le lut, les gens de ce parti sortirent de l'église pour ne pas participer à cette condamnation. Cela s'appelait, dans leur langage, rendre témoignage de sa foi. L'archevêque ayant voulu obliger les curés appelants à lire son mandement, ils se pourvurent au parlement, qui les protégea.

Fontaine exalta dans sa gazette les prétendus miracles du diacre Paris. Il put être regardé, par la persévérance de ses clameurs contre les jésuites, comme une des principales causes de leur destruction dans ce temps-là.

L'assiduité du travail de Fontaine et le genre de vie auquel il s'était condamné avancèrent ses jours. Il mourut le 26 mai 1761, après avoir rédigé ses *Nouvelles* pendant plus de trente ans.

**BAUDRY** (Paul-Jacques-Aimé), peintre français, né le 7 novembre 1828 à Bourbon-Vendée, aujourd'hui la Roche-sur-Yon, ne reçut de leçons qu'à l'école communale. Il montra de bonne heure d'heureuses dispositions pour la musique et la peinture. Il fut élève de M. Sartoris, professeur de dessin, qui fit tous ses efforts pour lui être utile et pour l'encourager de son mieux à suivre une vocation qu'il jugeait irrésistible.

Fils d'un fabricant de sabots, Baudry reçut du conseil municipal de la ville et du Conseil général de la Vendée une pension qui devait lui aider à vivre. A 16 ans, il entra dans l'atelier de Drolling et, à 17, fut reçu le premier à l'Ecole des Beaux-Arts; au bout de 2 années, il obtint le second grand prix de Rome.

En 1850, il remporta le grand prix de Rome. Pendant son séjour à la villa Médicis, il fit aux expositions de l'Ecole plusieurs envois remarquables, et réunit au salon de 1857 cinq tableaux qui comptèrent au nombre des mieux accueillis du public et de la critique. A 36 ans, il fut nommé membre de l'Académie des Beaux-Arts.

Pendant neuf années, cet éminent artiste a été occupé à exécuter les peintures décoratives du foyer de l'Opéra, une des plus vastes tâches dont un peintre se soit vu chargé de nos jours, la plus difficile peut-être, en tout cas la plus neuve par le caractère et la variété des données comme par l'éclat des résultats obtenus. Pour mener à bien cette œuvre immense, qui ne comprend pas moins de 33 toiles, Baudry, qui s'était de parti pris imposé un long et pénible apprentissage, alla d'abord étudier en Italie, en Angleterre et en Espagne, les chefs-d'œuvre des maîtres de la décoration, et, lorsqu'il eut terminé son vaste ensemble décoratif, il obtint de l'exposer à l'Ecole des Beaux-Arts (août 1874).

Baudry, a-t-on dit, est le peintre des contours, c'est-à-dire du dessin et de la forme ; la pureté du trait suffit chez lui pour donner à ses personnages toutes les attitudes qu'il a conçues pour eux. Il est l'expression vivante de l'Ecole française, qui sait unir la grâce à la correction italienne.

Depuis l'époque où il eut achevé les peintures du foyer de l'Opéra jusqu'au jour où il succomba, il fit successivement paraître des peintures décoratives pour la grande salle de la Cour de Cassation, des tableaux divers et des portraits.

Commandeur de la Légion d'honneur en 1875, il est mort à Paris, le 17 janvier 1886, dans la plénitude de son talent. Une plaque commémorative a été placée sur la maison où naquit Paul Baudry, dont le nom a également été donné à l'une des rues de sa ville natale. En outre, la Roche-sur-Yon vient d'élever à la mémoire de celui qui lui fit tant d'honneur un monument, inauguré le 28 avril 1889. Le buste de l'éminent artiste, fait par Paul Dubois, est d'une ressemblance frappante. Grâce à la générosité de madame veuve Baudry, le musée de cette ville possède quatre-vingt-dix-neuf modèles des œuvres du grand contemporain.

FIN

# TABLE ALPHABÉTIQUE

## DES PERSONNAGES REMARQUABLES DE LA VENDÉE




ÉMILE COLIN. — Imprimerie de Lagny.

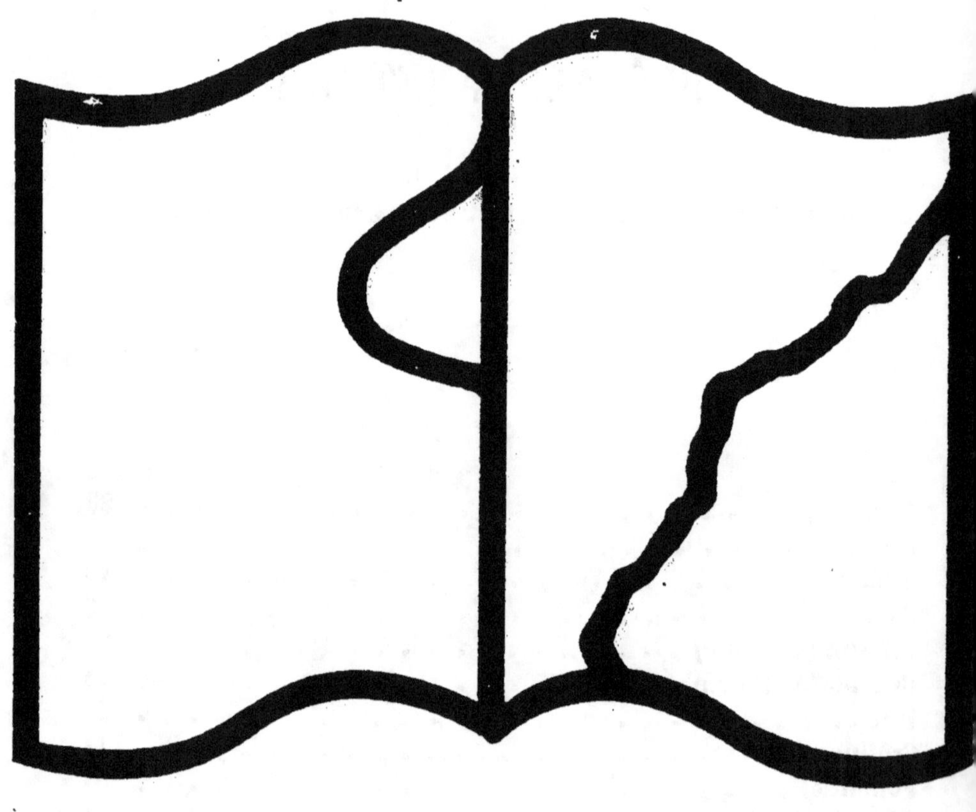

Texte détérioré — reliure défectueuse

NF Z 43-120-11

www.ingramcontent.com/pod-product-compliance
Lightning Source LLC
Chambersburg PA
CBHW061756060726
47597CB00007B/2957